60年続く自動車部品製造企業の二代目が語る！

百年企業へ繋ぐ二代目社長の在り方

著者　柴崎　猛
　　　工藤　直彦

編集　万代宝書房

60年続く自動車部品製造企業の二代目が語る！

百年企業へ繋ぐ二代目社長の在り方

もくじ

まえがき

江戸時代は、関が原合戦から明治維新まで２６５年間。15代にわたり、政権が中央集権を２６５年維持するのは、並大抵ではないと思います。第三代将軍の家光が将軍に就任し、江戸幕府の体制を確立させたといわれています。

本書にメインゲストとして登場する柴崎猛さんは、60年以上続く自動車部品製造企業の二代目社長でした。５年前、息子さんに三代目社長を託した柴崎氏は、二代目の在り方こそが経営の継続にかかっていると語ります。創業者の苦労を見てきた二代目が、次の継承者に経営の教育を行えるかが百年企業への鍵であると言います。

ですから、三代目の家光は評価されるが、その優秀な将軍を育てて、将軍につかせたのが、第二代将軍徳川秀忠です。秀忠が見事に家康からバトンを受け、力を落とすことなく、時代に変化に対応し、バトンを家光に繋いだからこそ、徳川家が15代も続いたと思う、と話します。

初代社長の突然の病により会社を引き継いだ柴崎氏。そこから、苦難の道が始まります。そして、息子さんへの事業継承を果たしました。

もう一人のメインゲストの工藤直彦氏は、論語、哲学、心理学などを学んでおり、音楽事務所アーティスティックコミュニティの代表（本人は、ミュージシャンでもある）です。ちなみに、「万代宝書房」の名付け親は、工藤直彦氏です。

私はお二人との自然会話形式の鼎談をし、その内容は、まさに「知恵は万代の宝」と感じたのです（収録：二〇二〇年十一月二十二日）。
この度、「万代宝書房 万人の知恵チャンネル」で放映したお二人のライブトークの内容をテープ起こしして書籍化し、「人類の宝」として、国会図書館に贈呈し、後世に残すことにしました。

「人は幸せになるために生まれてきている」といわれています。しかし、我々は、「成功するための勉強」はしても、「幸せになるための勉強」は殆どしていません。本書が、「幸せになるための勉強」の一助になれば、幸いです。

二〇二一年一月吉日
万代宝書房 代表　釣部 人裕

第一話　百年企業への要は三代目より二代目にあり！

60年以上続く自動車部品製造企業の二代目社長であった柴崎猛氏。５年前、息子さんへ三代目社長を託した柴崎氏は、二代目の在り方こそが経営の継続にかかっていると語ります。創業者の苦労を見てきた二代目が、次の継承者に経営の教育を行えるかが百年企業への鍵であると言います。初代社長の突然の病により会社を引き継いだ柴崎氏。それまで先代の右腕として働いてきた人たちの離職。そんな苦境を越え気づいた、創業時の原点に立ち返り、お客さんをはじめとしたステークホルダーを幸せにする想いをお話しいただきました。

1　二代目社長が先代の苦労を知り、次代へ受け継ぐ

釣部：今回の万代宝書房「万人の知恵」には、ゲストに柴崎猛さん、そして工藤直彦さんに来ていただいております。よろしくお願いいたします。では、自己紹介を簡単にお願いしたいと思います。柴崎さんからお願いします。

柴崎：柴崎猛と申します。私は埼玉県の寄居町に住んでおります。会社の方は株式会社シバサキ製作所という自動車の部品をつくっている製造業です。私の父が昭和31年に創業した会社でありまして、今期で65期目になります。

私は平成6年に社長を父から譲られまして、45歳の時でした。私は少し遅かったかなという感じもありましたので、実は5年前に当社が60期の時に、私が66歳、私の息子が39歳の時に社長を譲りまして5年が早経ちました。

コロナ禍にあっては、大変な売上の上下がありましたけれども、おかげさまで11月にはコロナ前に戻

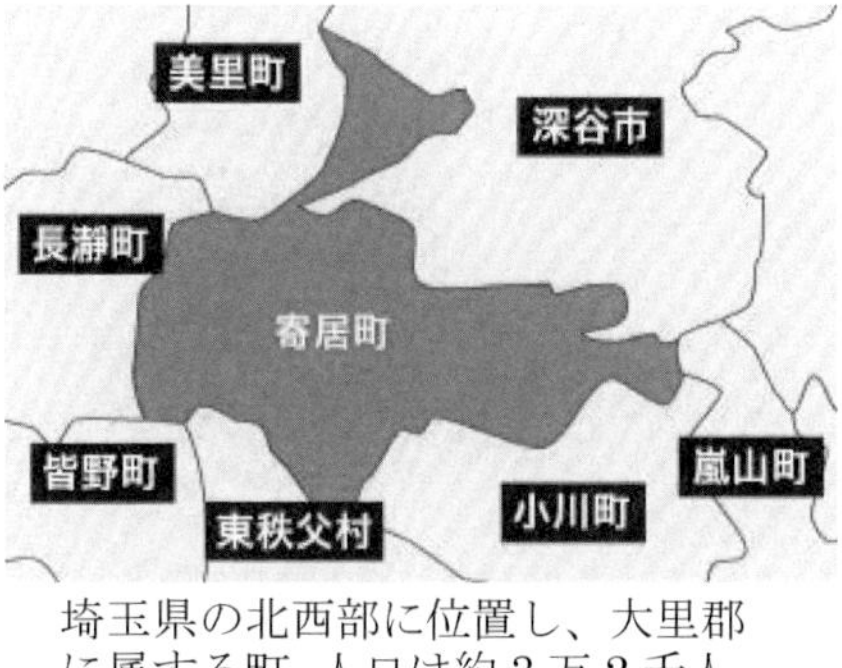

埼玉県の北西部に位置し、大里郡に属する町。人口は約3万2千人。

株式会社シバサキ製作所

りまして、良かったなと思っています。自動車部品と言っても、大体1台で3万点の部品を集約してつくられているんです。寄居町というのは小さな町なんですけれども、ホンダが三十数年ぶりに国内に四輪車工場を造って、7年前に寄居工場が立ち上がりました。

今、月産2万台ほどつくっているような中核の工場なんですけれども、再来年には狭山工場も集約、そしてイギリスの工場も寄居に集約する予定でして、これから大変楽しみなところでもあります。自動車の部品というのは、非常に品質を要求される部品で、主にブレーキ部品、それからエンジンの部品等をつくっております。

末端ではほとんどのメーカー、11社にうちの部品を使っていただいているんですけれども、直接の得意先というのは、トヨタとかホンダではなくて、ティア1（一次請けという意味があり、自動車業界では完成車メーカーに直接部品を供給するメーカー）というユニット部品を組み立てて製品化している会社が当社の直接のお客さんになります。

釣部：ありがとうございます。工藤さんお願いいたします。

工藤：音楽事務所をやりながら哲学の私塾をやっています工藤と申します。今日は某経営者団体でご一緒させていただいている柴崎先輩から色々なお話を伺えるかなと思って、非常に楽しみにしてまいりました。よろしくお願いします。

釣部：先日打ち合わせをさせていただいたときに、創業者はもちろんのこと、皆さん三代目のことを言うけれども、実は二代目が大事なんだよというお話を聞きました。そのお話をしていただけますか？

柴崎：**二代目というのは、初代のカリスマ性を持ったワンマンの、とにかく自分が好きで商売を始めた父親から受け継ぐ側、そして三代目に渡す側でもある**んですね。**その中間地点にいる二代目というのは、私は非常に重要**なんじゃないかなと思っています。

二代目というのは、初代の苦労話とか実際の仕事をやっている姿を見ていますから、意識的には経営の厳しさとか、商売の難しさというのは、自分で認識しながら経営はやれます。けれども、三代目というと、私の時はそんなに苦労を見せていないんです。**三代目をどう教育するかというのは、非常に難しいところがある**んですね。

私に変わった時は45歳だったんですけれど、ちょっと遅かったかなと思い、私が三代目に移す時はできれば30代が良いと思いました。ある程度失敗をさせても二代目である私自身が元気なうちであればカバーも利きますし、そういったことで自分が元気なうちに早めに交代をするというふうに決めて、5年前に譲りました。

うちは装置産業ですから、結構な借入金もあるので、銀行のほうも代が変わったらすぐ代表権取っちゃ困るというところもありました。でも5年経ちまして、何とかなるかなという目処が立ってきましたので、代表権を取りまして、ただの取締役会長という立場で今やっております。

よく百年企業といいますけれども、**一人の経営者として非常に頑張れるのは30年とよくいわれると**

柴崎家・歴代社長

おり、少なくとも百年企業になるためには三代の社長をうまく繋いでいかないと、そこは難しいと思うんです。コロナ禍にあってスムーズとは言えませんけれども、二代目から三代目におかげさまで何とかバトンタッチしてやれるのかなというところで現状はきております。

釣部：よく、三代目で伸ばすか潰すかに分かれると聞くんですけれども、やはりそういう感覚ですか？

柴崎：そうですね。**真の名経営者というのは、自分が辞めてから会社が大きくなるかどうか、と聞いたことがあります。それは、後継者を自分以上の能力が発揮できるように教育したということ**だと思うんですけれども、一番そこらへんが特に中小企業というのは大事なところですね。

自分の能力を超える後継者をいかに育てるか。そこのところに尽きると思うんですね。そうすれば、結果持続性のある企業にできるというふうに私は思っているんです。

釣部：三代目の時に、もし傾いていくとしたら、実はもうその芽は二代目の時につくれなかった、もしくは何かがあって形に表れたのが三代目というお考えですか？

柴崎：そうだと思います。ですから、私は徳川家康が初代で、二代の秀忠という将軍を非常に評価をしているんです。家光は三代目で鎖国をしたり色々な脚光を浴びていますけれど、見えないところでうまくコントロールしたのは、秀忠だったのではなかったんじゃないかなと思っています。

非常に個性のある大権現である家康のことも、自分は子どもであってもそのへんの人間関係をうまく構築していったんじゃないかなと私は思っているんですよね。

釣部：工藤さん、今のお話はどうですか？

工藤：私、歴史が大好きなんですけれど、秀忠をそういう見方するって斬新ですね。本当にそう思います。家光が突然おぎゃーと生まれて、優秀な名君になった訳ではないので、薫育（徳をもって人を教え導くこと）した誰かがいる訳ですよね。となるとやはり二代目って大事ですよね。

釣部：二代目で会社に入られて最初に大変なことがあったとお聞きしたんですけれど、お話しいただけますか？

柴崎：私の持論は「**先代の番頭は、次代の経営者の番頭に非ず**」ということです。先

収録の様子

代の番頭は社長の片腕ですね。先代についてきた片腕の右手・左手が番頭さんです。その会社を支えてきた人がそのまま残ると、慣れていますから二代目としては楽なんだけれども、やはり番頭さんが先代の経営者と比べてしまうんです。

そうすると、なかなかやりにくいところはありました。私のところも経営方針とかやり方とかがぶつかりまして、結構な人、それもいなくては困る人から辞めていった経緯があります。

これは**自分が経営者として一本立ちするためには、自分の番頭さん、あるいは片腕というのは自分でつくらないといけない**ということをつくづく思いましたね。

釣部：途中から入社していったなら、自分の代になったら番頭さんになる方を育てることも可能だったでしょうけれども、お父さまがご病気で柴崎さんが突然社長になられた。お父さまの褌の中で勝負をしなければいけない中で、重要な方が辞めてしまった…。辞めさせた訳じゃないんですよね？

柴崎：表向きは、独立したいということでね。でも、ぐっと我慢して、そこにはうちの仕事を出しました。ですから、形的には円満退社でしたけれども、慣れている人が辞める訳ですから大変苦労しましたね。当時はまだ20数人の小さい会社だったものですから、重要な人が欠けますとなかなか大変でした。

釣部：残った社員さんは、その時の社長の姿を見ている訳ですよね？　いじけているのか、怒っているのか…。

柴崎：そうですね。でも、私も特にそれに頼り過ぎて、おんぶにだっこは嫌でしたので自分としても何とか後継者としてやらなくてはという意識は持っていたものですから、ある方にうちに来ていただいたんですよね。よく「隗より始めよ」といいますけれど、自分の部下を、あるいは**組織をつくるためには、まず一人の人間と惚れ合う関係になる**。その人に三顧の礼（真心から礼儀を尽くして、すぐれた人材を招くこと。また、目上の人が、ある人物を信任して手厚く迎えること）で来ていただきました。その人に大変助けられました。

2　創業の原点に立ち、ステークホルダーを幸せに

釣部：工藤さん、今の辞められた話は、その方の会社に仕事を出すとかって僕はすごいと思うんですけれど、いかがでしょう？

工藤：その時点で倫理は学ばれていたんですか？

柴崎：いえいえ。その時はまだ30代でしたからね。

工藤：私、倫理法人会もそうなんですけれども、結局倫理を極めるってよくわかんないけれども、「倫理をしっかり学んで倫理経営できていく人って、元々倫理的な人なんだよ」と先輩たちから随分言われてきたんですよ。

だから、今のお話を聞いてちょっと鳥肌立ちますよね。だって、ある意味、商売敵になっちゃう訳じゃないですか。そこに仕事をお出しする訳でしょう。相当辛いですよね。でもそれをやる。そういうところは当然、世間は見ていますよね。

柴崎：やはり親父を助けた創業時代の恩人ですからね、喧嘩する形で別れるよりは、私も辛かったですけれども、そういう関係にはしたくないなというのは思いましたね。

釣部：今でこそ僕は倫理を学んで思うと、祖先を大事にする、会社としての祖先を大事にされたという。

柴崎：実は私が37歳、当社は31年の創業なもんですから、30周年を迎えた頃に、大きな節目を迎えているような感じがしましてね。私とすれば一生懸命やっているつもりだったんですけれども、いわゆる自動車産業の底辺を支える下請け企業なんです。

今でこそパートナーとか、協力企業といってくれますけれど、当時は非常に封建的で、あるお客さんからは、カラスは白いといえば、白いと言わざるを得ないような理不尽な関係でもあったんです。そういう中で自分では一生懸命やっているつもりですけれど、私の造語なんですが、**「その時ばったり経営」**というのをやっていたんですよ。なんの方針も理念もなくて一生懸命やるだけ。でも、右往左往しているだけだから、なかなか成果が出てこないですね。「それはなぜかな?」と思ったところ、うちの今でいう**社是とか、経営理念というのがどうしても必要**だなと思いました。創業の原点というようなつもりも含めて、**「みなもとクリエイション」という社是を作り、昭和61年、30周年の時にお客さまを呼びながらイベントをやって発表したんです。**

「みなもとクリエイション」というのは、うちの父が兵役時代に培った機械技術を基につくったシバサキ製作所の創業の原点を、これからもずっと忘れないでいようというもの。よくステークホルダー（利害関係者）といいますけれど、シバサキ製作所を取り巻く人たち、まずお客さんですよね。
よく「会社が潰れる」といいますけれど、お客さんのサポートがなくなって、「お前、要らないよ」ということだから潰れてしまう訳です。**まずお客さんに喜んでもらえる、お客さんの幸せに資する会社。そして社員とその家族、家庭です。人は幸せというのはそこに感じるものだと思いますから。それから地域の人々の幸せの源づくりに資する会社です。**

製造業だけれども、「幸せの創造業を目指す」って大それた若気の至りもあるんだけれども、そんなことを30代の半ばにうちの社是として掲げました。よく日本語は「言霊」といいますけれども、「みなもとクリエイション」という言葉を私が得たことによって、何か今までばった経営をやっていた自分が少し変わったかなという感じがしました。

みなもとクリエイション

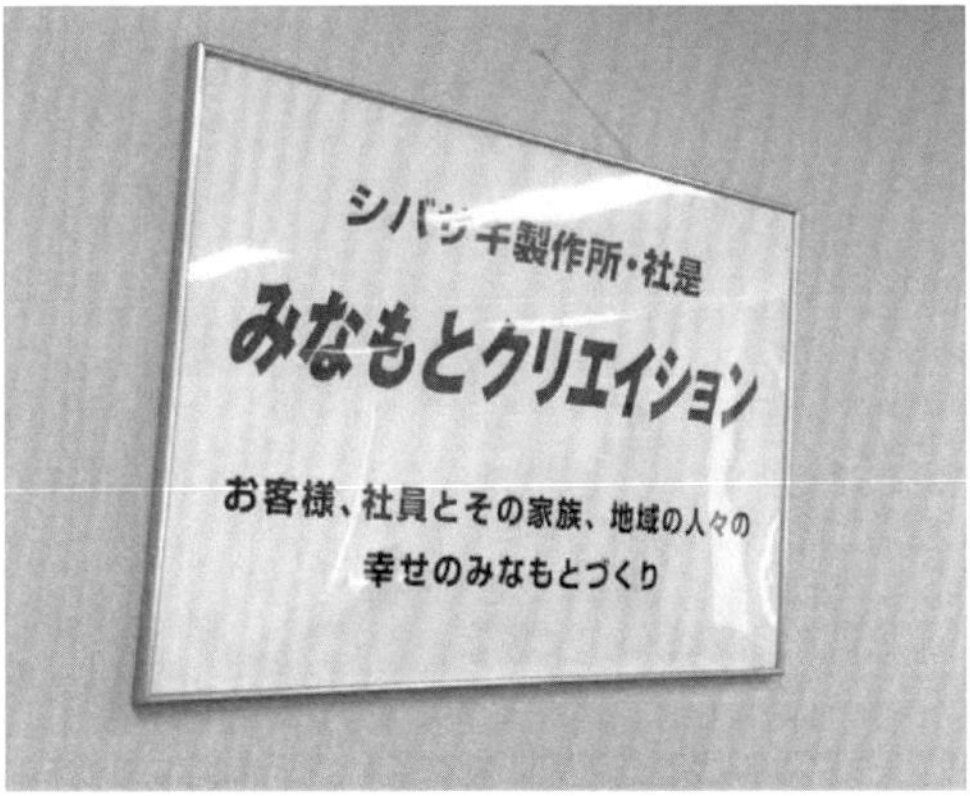
製作所・社是
みなもとクリエイション
お客様、社員とその家族、地域の人々の
幸せのみなもとづくり

沿革

1956 年	埼玉県寄居町にてディーゼル噴射ポンプ部品加工の為、（有）柴﨑製作所を設立
1972 年	商号改め（有）シバサキ製作所とする
1979 年	有限会社を株式会社に変更する
1989 年	社是「みなもとクリエイション」を制定
1990 年	埼玉県労働基準局より全国安全表彰を受ける
1991 年	「よりいテクノスクエア」工業団地組合結成メンバーとして加盟
1994 年	柴﨑 猛社長就任
2000 年	埼玉県より彩の国工場に指定
2001 年	ISO9002 認証取得
2004 年	資本金 3600 万円にする
2005 年	埼玉県知事より中小企業経営革新支援法の承認を受ける（北労商第 291 号） よりいテクノ・スクエア内に第 2 工場竣工 ISO14001 認証取得 モンゴル国ウランバートルに、現地法人「モン・シバサキ」を設立
2010 年	埼玉県中小企業振興公社様より『優良企業賞』と『彩の国経営革新モデル企業賞』を受賞
2011 年	㈱東京鋲兼様と北米販売に対し総代理店契約締結
2012 年	新本社竣工し本社をよりいテクノ・スクエア工業団地へ移す
2013 年	中国で東京鋲兼珠海有限公司様と技術提携、広州、武漢への製品供給を開始 タイ王国で STBT（Shibasaki Tokyo Byokane Thailand）を（株）東京鋲兼様と合弁会社設立
2015 年	柴﨑 亮二社長就任、柴﨑 猛会長就任 モンゴル国大統領より『友好勲章』を受賞
2016 年	創立 60 周年を迎える
2020 年	経済産業省より「地域未来牽引企業」に選定される

第二話　活力朝礼が社員と社風を変える！　倫理経営の恩恵

朝早く出社して機械を掃除する。スキマの時間さえあれば道具をピカピカに磨く。そんな積み重ねこそが仕事の効率や質を上げる、ものづくりの日本人的本質であると柴崎氏と工藤氏は共に語ります。そして、たった10分毎日の朝礼をして社員の意識を持続させること。そんな日々の倫理経営の実践が社風を変えていきます。トップ自らが細かい習慣を率先したり、いつでも社員に想いを共有する。社員たちの自主性を育て、掲げた社是が浸透する高い企業文化を創るためのエッセンスをお話しいただきました。

1　トップが自ら変われば社風も変わる

釣部：倫理法人会には何歳頃、どうして入られたんですか？

柴崎：**立派な社是はできても、「社是、社訓、壁に掲げて倒産する」会社はいっぱいある**ので、良い社是＝良い会社とは限らない。そこに何かもうひとつ魂を入れ込む手法が欲しいなと思いまして、50代の初め頃に倫理法人会にある方の紹介で出会いました。

万人幸福の栞

それで「万人幸福の栞」を見たときに、「守れば幸福になって、外れれば不幸になる」と言い切る、この本というのはすごいなと思いました。先ほど言った「みなもとクリエイション」というのは色々なステークホルダーの方の幸せの源づくりですから、幸せと幸せの「万人幸福の栞」がぴたっと一致しまして、これを具体的に実践すれば社是どおりになるんだなと、私の背骨に一本筋を入れてもらったような感じがしました。これは愚直に倫理を学んでみようということにしまして、倫理経営をだんだん取り入れていったんです。

釣部：具体的には何をされたんでしょうか？

柴崎：まずは早朝出勤というか、「早く出勤しないと社長はだめだよ」と言われまして、私も8時始業の15分前頃出ていったような落第社長だったんで、ちょっと早起きをして早くに出勤しようと思いました。早く出勤すると時間ができます。うちは社歴が長いものですから、油まみれの機械がたくさんあります。当時「掃除は心磨き」という話を聞きましたが、素手でトイレ掃除というのは私にはちょっとハードルが高かったので、その油まみれの機械の1台を3ヶ月かけて新品同様にきれいにしてみようという宣言を幹部の前でしました。

責め心があっちゃだめだっていうので、黙々と早朝出勤して時間ができたことを機にまず一人で始めましてね。掃除というのはひとつのメンテナンスでもあるんです。清掃していきますと、緩んだネジの箇所が自然とわかって故障がだいぶ少なくなってきました。機械というのは物ですけれど、物は半面生きているところもありまして、かわいがり、きれいにすると、良い製品をつくってくれる。

実は私の息子がすでに三代目として製造の係長って立場で入っていまして、私の掃除を見ていたら、「私もやりますよ」と言ってくれたんですね。

係長が始めたんで、その上の課長・工場長もやらざるを得ないなという意識になりました。私が言った訳じゃないんですけれど、だんだん人数が増えてきました。一人

機械掃除の様子

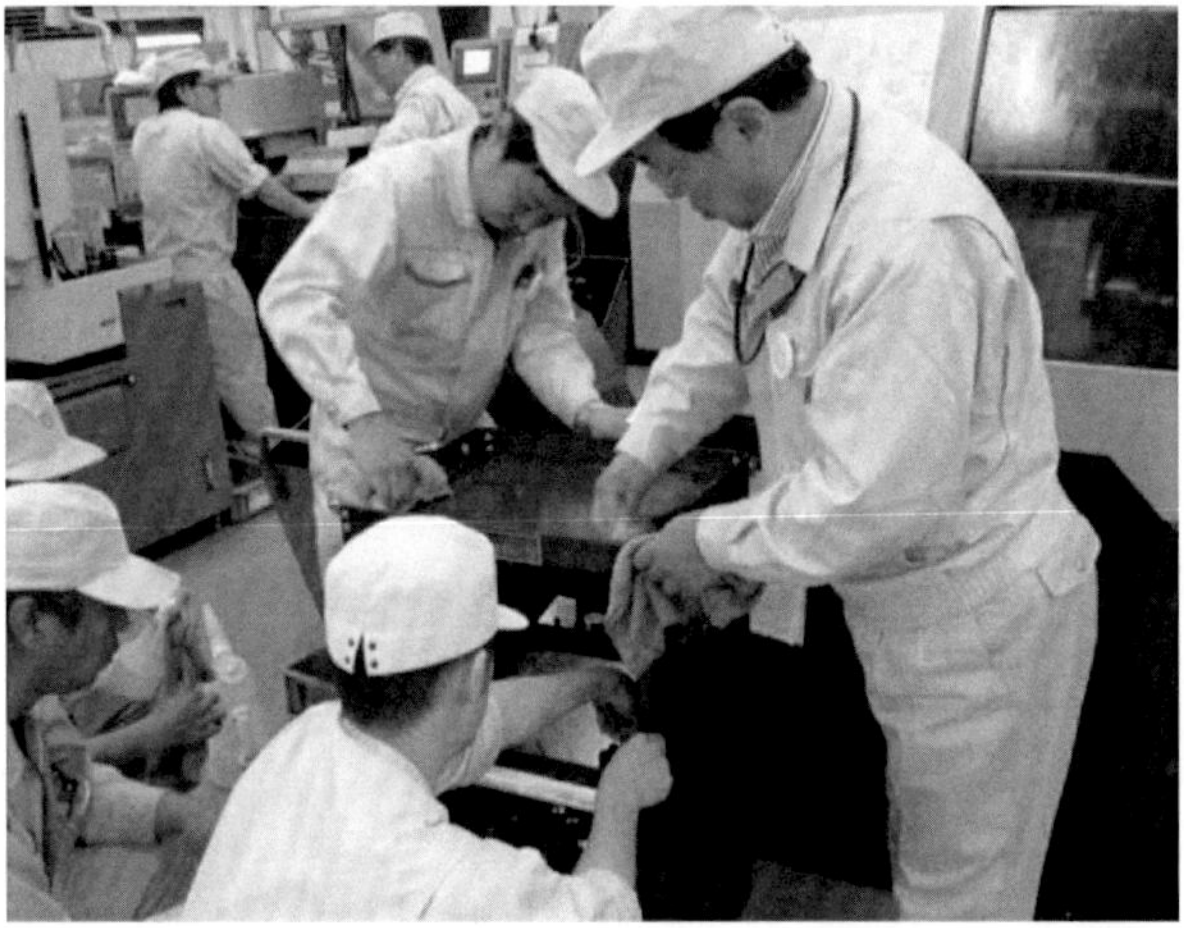

でなく複数の人間で機械掃除をしたり、あるいは環境整備をしたりして、みるみる会社がきれいになっていきましたね。
それまでは何百台もある機械が順々に壊れていきますと結構な修繕費がかかっていたんですよ。ところが私が始めた掃除をすることによって壊れる率がだいぶ少なくなり、修繕費が半減しましたね。それが1年経ってみたら業績的にもそれが反映してきまして、環境整備をして掃除をすると利益が出るんだなっていうふうに味を占めました。掃除をすることによって会社がだんだん変わってきて、自分自身が変わった面もあるんでしょうね。
それは**トップである社長が変わると社員も変わって、だんだん社風も変わってきた**のかなと思いました。一番喜んでくれたのはお客さんですね。つくる製品の品質が上がったものですから、顧客満足度も上がってきました。注文もたくさんいただけるようになってきて、だいぶ元の会社からは変わってきたのを実感しました。

釣部：工藤さん、この辺りはいかがでしょうか？

工藤：10年ぐらい前にある勉強会で同じ班になってこの話を聞かせていただいたときに、「ああ、そうなんだ！」とまず驚きましたよね。私、音楽の仕事をさせていただいていますけれども、例えば音響の機材とか、楽器類とか、こういったものっていうのは本当にその人の扱う心が大切なんです。環境整備という言い方は変ですけれど、道具を大事に扱っていると全然パフォーマンスが変わるんですよ。

うちの先輩で70代のギタリストがいるんですけれど、「ギター1本でこんな音が出るかな⁉」ってびっくりするほどの達人なんですね。

例えばリハーサルやっている時に、5分間だけその人が弾かない、10分間だけその人が弾かない、また10分後にまた演奏するっていうのはある。ほとんどのプロのミュージシャンでも、その間ギタースタンドにギター立てかけるだけなんですよ。でも、このフジイさんって先輩は、いちいちその度にクロスでピカピカにギターを拭きあげて繁々とギターケースに一回しまうんです。

初めてご一緒させていただいた時に、フジイさんがタイムテーブルを勘違いしていて、「俺、もう上がりだ」と思ってしまったのかなと思ったんです。それで、「いやいや、まだありますよ」と声かけたら、「お前さん、わかってないね。だから、君はヘタっぴなんだよ」みたいなことを言われちゃって…。

また繁々と時間になったらギターを出して、また素晴らしい演奏をするんです。ギターを大胆に使うんですよ。むしろ演奏中は丁寧に使っていない。ボディをパンパン叩いて、ものすごく激しく使うんですね。それが終わったら、またピカピカに磨き上げて繁々と…。これを繰り返しているんです。

でも、プロですからうまい人はいっぱいいるんですけれども、ギター1本でこんな音が出るんだというレベルは本当に衝撃的だったんです。やはり倫理で勉強させていただいている「物はこれを生かす人に集まる」じゃないですけれど、使わせていただく道具類を、丁寧に使うのと、きれいにするのと、あと大胆に使うのと、どちらかに偏ってもだめなんだと思う。

大胆に使うことができる人は結構いると思うんですよ。乱暴者だったら普通そうしますからね。でも、ピカピカに磨き上げる、これを両方セットにして初めて物は生きてくる。きれい好きできれいにする人はいるけれど、大胆に使えるかっていうとこれも怪しいところがある。そんなことを勉強させていただいたことがありました。

だから、柴崎先輩のこの話を10年ぐらい前に聞いた時に、「どんな業界でも似たような話。やはりそこか！」と非常に印象に残っているんです。

釣部：これでこの話を聞いて、「経費が削減されるんだ。よし掃除しよう！」というところでまた違うものになるんですよね。

工藤：**欲がある分だけ差し引きされます**からね。

釣部：純粋に機械を愛そうという気持ちで、そこから始めようというから結果が出たんであって。でも、大きい機械だと金額にすると人件費何人か分は出ますよね？

柴崎：月に100万円以上、修繕費かかっていましたからね。それが半減した訳ですから、12倍というと1年で600万円ですね。

釣部：製品の不良品も減って、買い替えも期間が延びますよね？

工藤：品質が良くなるっておっしゃっていましたよね。

柴崎：掃除をするという物理的な環境整備もあるんですけれど、やはり社員の意識が

STBT（タイ：2013年設立）

だいぶ変わりましたよね。

私は、**ものづくりというのは非常に日本人にとって得意分野だと思う**んです。よく掃除をする場合でも見えない所まで掃除をするんです。裏地に凝るとかね。見えない所まで気にするという文化というのを日本人は持っているじゃないですか。そういう感覚というのを製造業の社員もだんだん持ってくると、出来る製品の品質もすごく良くなってくるというのを非常に私は実感しましてね。

ものづくりは人格が反映するというふうに思っているんです。ですからそういった面では倫理で学ぶ実践力というのが特に製造業には向いていると思っているんですよね。

うちの場合は、今海外工場もモンゴルとタイにあります。モンゴルは15年前に出ました。タイは5年前に出たんですけれども、その日本人の感覚を掃除とか、モノを大事にするとか、時間を守るとか、そういったものを起点に教育します。モンゴルの人たちも最初のうちは非常に時間を守らない、計画性がない民族といわれていて、当社も実習生として3年単位で結構な人数の方を使っているんですけれども、本当に変わってきますよ。

15年前に研修生が帰って、なかなかまだ向こうには仕事がないものですから、うちから仕事を出してモンゴルの工場を立ち上げたんですけれども、管理者も含めて一人の日本人も置いていないんですよ。やはりそういった面で意識と社風が変われば変にコントロールしなくても、自主的に経営をやるものだなというのはつくづく感じますね。

2　活力朝礼で社員の自主性を育てる

釣部：社風のお話が出たんですけれど、倫理では「活力朝礼」というのをおすすめしています。前回打ち合わせでお会いした時に柴崎さんから、「あれやるとね、社風が変わるんだよ」とおっしゃっていただきました。そのお話をしていただけますか。

柴崎：社員教育というのは、それほどお金もかけられないんですけれど、10分間の朝礼をやることによって、「職場の教養」を読んで「朝礼実習」なんかもやるとだいぶ意識が変わってきます。

実は息子（社長）がタイの工場へ出張に行っている時に、日本で大雪が降ったことがあったんです。私はたまたま自分の車にチェーンを付けていなかったものですから、会社まで歩いていったんです。ですから、8時10分前頃になってしまったんです。

そうしたら、ほとんど雪かきが終わっていたんです。これは昔ではなかったことだなと思いました。うちは工業団地にあるんですけれども、他の会社は始業の時から1人、2人で雪かきをしているんですね。うちの場合は結構早くから出てきて、もう8時の始業の時には車が走れるぐらいに雪かきが終わっていました。

それで出張中の社長に写真を送りましたら、大変喜んでいました。それはうちの会社の社風も変わったなとつくづく感じました。命令した訳ではなくて、自主的にそういうことをやってくれて非常に嬉しかったですね。

雪かきされた会社

釣部：反映させようとした訳じゃな

いんですよね。要は特別なことじゃなくて倫理がおすすめしているパターン（活力朝礼）にちょっとオリジナルの会社の目標とか何かを入れたりですよね。そして社風が変わるんですよね。

柴崎：これが一番の倫理経営の素晴らしいところだと思いますね。これからの働き方改革とよくいいますけれど、社長、トップがいつも頑張っていないとうまく回らないというのだと、経営者自身が持たないですよね。

ある程度海外展開をした場合は、いつも社長がいる訳ではないじゃないですか。**トップの経営者がいなくても会社の業績、あるいは会社の経営もオペレーションというのがスムーズに回るというのは社風が変わればこそだと私は思っていますね。**

よく経営は管理、管理といいますけれども、管理で人間は全部縛れないと思います。何となくそういったことを今感じていますね。

工藤：おそらくですけれども「**活力朝礼**」は、**社員さんたちの心が変わっていくんで**すよね。僕たちの勉強会で、「日に一回繰り返す」というフレーズを聞いたことがある人は多いと思うんですけれど、朝礼は、日に一回絶対に繰り返す訳じゃないですか、土日はしないまでもね。

それをずっと繰り返すことで、心が整っていくんでしょうね。だから、パッと気付

いたことを「これやっておこう!」とスッと動ける人たちが増えて、それが会社の雰囲気を醸し出すんでしょうね。確かに世知辛くなってくると、指示命令して「それって業務命令ですか?」とか「時間外手当つくんですか?」とか、こういう話になっちゃうじゃないですか。

一緒に働く仲間としてそういうものではないですよね。やはり「活力朝礼」というのはそういう効能があるんでしょうね。

柴崎:すごいですよ。「職場の教養」を日めくりで読み合うでしょう。そうすると手を変え品を変え、いわゆる倫理の背景がわかってくるじゃないですか。そうするとだんだん意識が平均化してくるというか、同一化してくるでんす。

ちょっとミスをして叱っていても、「職場の教養の何ページにあったよね?」みたいなことを、お互いに全部読んでいると説明が楽なんですよね。こういったことをひとつの指針にして、うちの会社は社員と接しているし、会社の経営をしているんだよというのが全体的にわかってくるとすごくやりやすい。

そうすれば、管理とか社長がいてもいなくても何とかスムーズに回ってくるというふうに思っているんですけれどもね。

釣部:なるほどね。僕は高校の先生だったんですけれども、なった時にある有名な先輩先生から、「ミーティングは毎日絶対にしろ」と言われたんですよ。職員会議で行けないときでも、始めか終わりに顔を出せと。１分でいいから職員会議を抜けてテニスコートに行って、自分の想いを話してこいと。

第８回北部地区活力朝礼コンクール

「何を話すんですか、毎日？」、と聞いたら「何でもいいんだ」と言われたんですよ。例えばオリンピックがあって、誰々選手が勝って嬉しいでも悔しいでもいいし、政治問題でこんなことがあって、こういう不正は嫌いだでもいいし、誰々ちゃんが停学になってどうのこうのでもいいし、何でもいいから自分の想いを話しなさいって言われたんです。「そうするとチームが出来てくるよ」と言われたんです。

それの経営に則ったのが「活力朝礼」だなと思って、僕にとっては教育で自分の想いをまず伝えるというのがあるんですけれど、会社経営は会社の理念を伝えていくっていう中でそれをやっているんだなと思います。

新社屋完成時の集合

社風をつくるのは一番難しいと思うし、経営者が変わると社風が変わってそれを超えて企業文化まで高められるのはすごいと思うんですよね。

柴崎：ドラッカーは「戦略のマズさは戦術では補えない」と言っていました。**戦略の上に文化とか社風が出てくると思うんですよ。それを企業文化まで昇華すると、本当に細かいことを言わなくてもうまくいくようになる**と思うんですよね。戦術・戦略・文化・社風、そんな位置づけで、私は会社経営を見ているんです。

新社屋外観

SHiBASAKi

第三話　業界の需要低下とコロナ禍を乗り切るためのスキル

電気自動車の台頭。そして、かつては良い車を持つのが一つのステータスだった時代は終わり、今は車を欲しがる若者は減り、所有からシェアの時代になりつつあります。そして、コロナ禍の影響による打撃を直に受けた音楽イベント興行を営む工藤氏。求められる事業の再構築と避けては通れないIT化について、柴崎氏・工藤氏が肌で感じた切実な経験から語っていただきました。

1　自動車産業のこれからと、事業の再構築

釣部：今お仕事が自動車ということですけれど、時代の流れで環境問題とか、電気自動車という流れになっていくと、将来10年20年後の自動車産業はどうなるんでしょう？

柴崎：これは本当に大変な問題で、ＣＡＳＥ（ケース）っていう言葉があります。Ｃは Connected、繋がるですね。インターネットで今車同士がつながっていくんですね。Ａは Autonomous、自動運転です。Ｓは Shared & Service、シェアリングですね。車の需要で一番危機感を持つのがこのシェアリングです。１人１台ずつじゃなくて、複数の人間が１台で済む訳ですよ。これは購買の勢いが２割は減るんじゃないかっていわれていますね。Ｅは Electric、電気自動車、電動化です。今バッテリーの開発そのものが、まだ理想までいっていないので、モーターのみでバッテリーで走るっていうのは、これから開発はされてくるとは思うんですけれど、まだまだ途中でハイブリッドが一番現実的な問題です。

実はエンジン部品がうちは売上の３～４割を占めているので、本当に電動化については非常に危機感を感じています。ただハイブリッドであれば逆に部品点数が増える

から、我々にとっては良いんですよ。

ところが、モーターになってしまうとエンジンが要らなくなってしまいます。そのへんの危機感というのは持ちながらやっています。テスラにしても高級車で一千万円もしますから一気にはいかないと思いますけれど。「一千万円もする電気自動車を誰が買うの？」というのもありますから、まだまだ新興国等はエンジンを使った車が主流なんですよね。

釣部：人口も減っていきますから、車の台数も少なくなっていくでしょうし、シェアリングも出てくるし、電気自動車も出てくる。機械化ももちろん進むでしょう。

柴崎：ですから、今はほとんど自動車関係なんですけれど、業種業態を電気・エアコンの異業種のほうに進出をして、できるだけ自動車部門の

製作所での作業風景

比率を減らそうとはしています。しかし、なかなか自動車産業というのは裾野が広く、そして割合安定している業種なので、なかなかここから抜け出すのが難しいところで、それが三代目の大きな課題だと思います。

釣部：工藤さんは車の将来性はどんなふうに考えますか？

工藤：僕、来月納車で車を買い替えるんです。電気自動車ではなくて、ちょっと古い車なんですけれどね。僕も車運転するんですけど、いつも疑問に思っていたのが、4人乗りや5人乗りの車、ましてや今ファミリータイプの7人乗りの車とかも多いじゃないですか。なのに1人で運転している人がすごく多いですよね。

これってものすごい無駄だなって思っていて、じゃあ、1人乗りの車が出るかっていうと、それはまた現実的ではない。当然、カーシェアリングというのは絶対にきますよね。特に私は東京の人間なので、東京都内に居たら電車のほうが速いし確実だし安いです。

駐車場なんかも1日車乗り回していたら、駐車場代だけで1日数千円かかってしまいます。だから、自動車に乗る機会というのは間違いなく減っていくだろうなと思うんですよね。私は50代半ばですけれど、私ぐらいの年代は憧れの車があってそれを買うために頑張った若い時代があるんですよ。

でも、最近若手の方とお話ししていると車に対する欲を感じない。「それって買わなきゃいけないんすか?」みたいなことを言う人が多くて、あんまり欲しがってないんですよ。だからやはり車の需要っていうのが間違いなく減ってきているんだろうなというのはすごく感じますね。

そういった中で、柴崎さんのところが本当の意味の事業の再構築、リストラクチャリングだと思います。**リストラという言葉は首切りの言葉に使われているけど、本来は違いますからね。リ・ストラクチャリングですから、再構築です。**これからどうされていくのかなっていうのはすごく関心があります。

柴崎:実はうちは輸出が6割以上あるんですよ。ですから、国内のマーケットはすごく厳しいです。

釣部:どちらの国に輸出するんですか?

柴崎:実は日本のある会社を通じて輸出するんですけれども、実際に計算してみてびっくりしましたね。やはり大きな市場はアメリカと中国です。それで海外工場を出した面もあるんですけれども、為替リスクの問題もあったりして、それを考えるとなかなか日本だけで生産しているっていうのはリスクもあるので、タイに出たんです。

そういった面では国内のこれから需要っていうのは、人口も減りますし、シェアリングも進むでしょうし、特に今売れているのは軽自動車です。日本人というのは見栄をはらないで実利的ですからね、大きい車必要ないと…。

軽自動車は、部品の付加価値も低いですから、うちの部品をあまり使ってくれないんですよ。そういった面では、我々のクラスの会社っていうのは、海外向けの生産というのは非常に注目しています。

コロナ禍で一時は売上が7割ぐらい減少したんですけれど、急に今月あたり100%に戻ったのは、やはりアメリカと中国の復活が大きいです。

釣部：つかぬことをお伺いしますが、コロナの時には売上ガッと下がりましたよね？その時に社員さんのリストラとか、そういうことは何もせずに？

柴崎：日本の政府の対応が今回非常に敏速で、雇用調整給付金ってことで、社員が140人ぐらい、正規・非正規入れているんですけれども、述べ100人ぐらいを休ませましたからね。

その給料を政府が払って、国も大変ですよね。その制度を利用したのが、かつてはリーマンショック、それから東日本大震災の時の不況にうちは使ったことがあります。当時は政府からのお金が返ってくるのに半年ぐらいかかったんですよ。

今回も使わせていただいたんですけれど、今回は非常にその辺りは手際良く、翌月きました。非常に資金繰り的には助かりましたね。それがなければ本当にリストラせざるを得ませんでした。でも人手不足っていうのは慢性的にありますので、今は従業員を抱えておいて良かったなと思いますね。

2　アフターコロナでIT化は避けて通れない

釣部：今、コロナの第三波と言われていますが、そういう経営者に対して何かアドバイスがあるとすればどういうことになりますか？

柴崎：そういった面では、東京とか大都市とうちの寄居町とかは埼玉県北の田舎ですから、そのへんの感覚は大いに違いますね。埼玉県でも県南と県北のコロナに対する意識というのは全然違います。寄居町でこのあいだも感染者が1人出たんですけれど、合計でたった3名ですよ。

ですから、あまりに厳しくし過ぎて経済的な影響が大きく出たので、第三波といってても同じことをやったら本当に中小企業で困るところが出てくるんじゃないでしょうか。そのへんの舵取りが政府も非常に難しいと思います。でも、ちょっと過剰に反応し過ぎているかなと私は思っています。

釣部：工藤さんはいかがですか？

工藤：私は仕事が興行なので、もう皆無になってしまいした。車を買い替えるのも、機材とかも多いので、プライベートでも仕事でも使えるようにということで後ろに荷物をいっぱい積める車をメインで使っていたんです。でも、大きな荷台はもう要らないなと、そんな思いがあって…。

うちは音楽家の方というとカッコいい言い方でね、演奏してくれるミュージシャンの人たち、プロなんですけれど、専業で職業でやれる人って一握り。ほとんどの人はみんなバイトで食い繋いでいるんです。

うちがお出しする仕事のギャラだけではそんなに本数がある訳じゃないから絶対に食えないんです。それがゼロになって、「じゃあその分バイト入れりゃあいいじゃん」と言っても、飲食店で働いている人が多いのでバイトを切られているんですよ。私と同年代の人とかでも居酒屋でバイトしている人がいる訳です。

でも、間違いなくバイトだって「もう来なくていいよ」になるじゃないですか。「また動き出したら来てね」みたいな。これは言っていいのかな、「携帯代が払えないんで、ちょっと何とかしてくれ」って電話がくるんですよ。本当にどうして差し上げたらいいのかなって困惑しますよね。

だから、本当に今回は経済的に苦しいっていうんじゃなく、胸が苦しいんですよ。何もして差し上げられない。一月分ぐらい携帯代払うんだったら僕のポケットマネーでいいんでしょうけれど、それが何人もいる訳でしょう。これもいつ終わるかもわからないですし…。

携帯代だけじゃないですよ。家賃がどうのとかいっぱい出てくる訳じゃないですか。じゃあ、諦めて国に帰るといっても東京から田舎に行くと「入ってくるな」みたいな感じになる。本当に何もして差し上げられない苦しさって、もしかしたら初めてかもしれないですね。

今までやりようがあったんですよね。第三波は冬越してどうなのかなと思うけれども、来年（２０２１年）のオリンピックだって正直わからなくなってきていますよね。そういった中で音楽イベントって大々的にできる道理がなく、会場の半分ぐらいまでだったら入れていいですよと言われているんですけれど、半分入っただけでペイするほど興業の世界は甘くないんです。

半分しか入れられなかったら赤字決定ですよ。そんなものでイベントやる人はいない。だから、本当に何もして差し上げられない切なさ、辛さっていうのがあるんです。

釣部：周りを見ていると、コロナによって同じ業種でも上がった人と落ちていった人、同じ業種でも片っぽやめて転換して上がっている人とか、それぞれだなと思うんです。これって何が違うんですかね？

柴崎：外食はだめだから家飲みとか家で食べるっていうから、スーパーとかはすごい売上ですよね。これはコロナが去っても生活様式というのは変わるんでしょうね。

釣部：工藤さんもアフターコロナで以前には戻らないっておっしゃいました。ビフォーコロナの時代じゃなくて、アフターコロナとしてどう生きるか。今戦前に戻れないように、戦後をどう生きるかになる。コロナはこれだっていうふうにおっしゃるんですよね。

工藤：戻らないって私は思っています。戻ってくるだろうと思って戻ってこなかったらそのまま潰れちゃうので、**戻ってこない前提で次の手を打って組み立て**

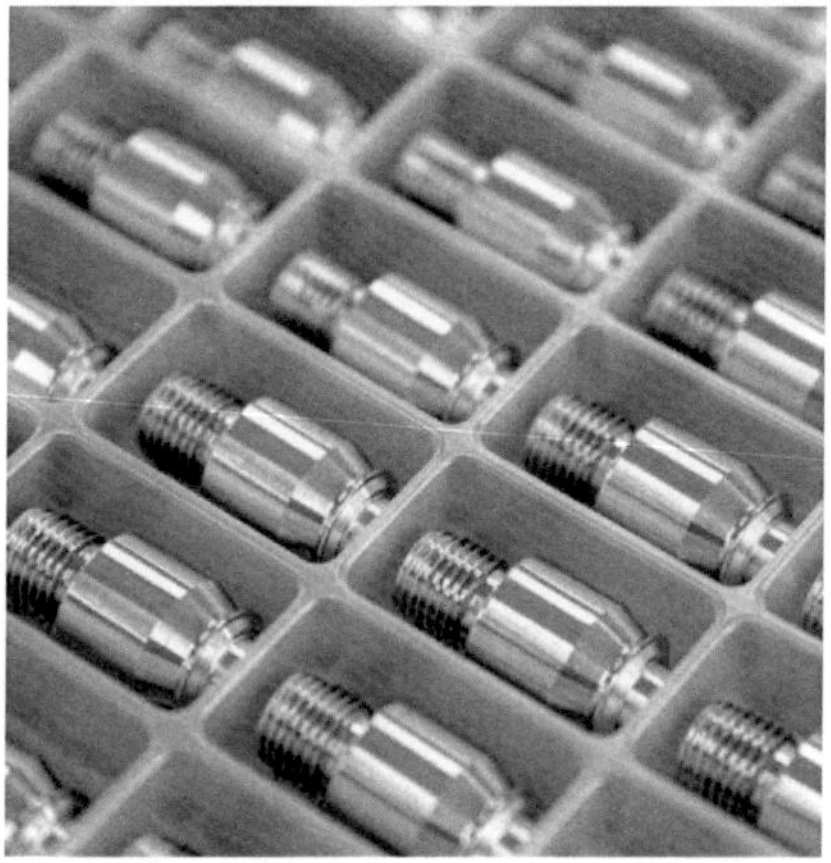

自動車用部品の精密ネジ

ていかなきゃいけないなと思います。うちはライブとかコンサートメインで頑張っていたんですけれど、それが今できないので考えられるのがWebを使った何かです。あとはレッスンとか、投げ銭のシステムがインターネット上でできるようになっているので、コンサートでチケットを売るんじゃなくて、配信したものに投げ銭してもらう。面白いもので文化って回ってくるなって思います。これは完全におひねり文化ですよ。

FinTechといいますけれど、PayPayみたいな今までになかった決済のシステムもあります。カードだと信用情報の関係でカードをつくれない方がいるじゃないですか。でも、PayPayであればＱＲコードを読むというのもあって、今の釣部さんの質問で言うと、同業者でも伸びるのと潰れるのとの分かれ目は、私はＩＴだと思います。

ＩＴを食わず嫌いしていて生き残れる道理がない。積極的にＩＴをむしろ使いこなしてやるんだぐらいの気持ちでやると活路があると思う。だから、私は今それをすごく意識しています。このWeb配信スタジオに出させてもらっているのも、僕の中でもすごい引き出しが増えているんです。ＩＴを後回しにしてはいけないですね。なめちゃいけない。できることはいっぱいあるはずです。

第四話　良い経営者は惚れられる社長であること！

柴崎氏は常々、三代目の息子さんに「惚れられる経営者になれよ」と言います。惚れ抜く相手を持つこと、惚れられるような人間力を持つこと、そんな「惚れ合う」関係こそが究極の人間関係であると工藤さんもまた語ります。良いところも欠点も好きになる、惚れ合う人間関係とはどういうものなのか。倫理に惚れ、感謝の気持ちをもって自分も他人も幸せになれるような、真に正しい経営者としての在り方をお話しいただきました。

1　「惚れ合う」ことが究極の人間関係

釣部：柴崎さんは「**大将（経営者）**たる者、部下に、**社員に惚れられろ**」とおっしゃいました。その言葉を聞いて、また日本語的にカッコいいなと思いました。

柴崎：現社長（息子）に「惚れられる経営者になれよ」とよく言っているんです。惚れるっていうのは日本語独特で、なかなか外国語に訳しにくいですよね。ある方に言わせると、**惚れるっていうのは欠点まで好きになることなんだ**と。要するに丸ごとですね。

倫理も斜めから見ると、「どうなんだろう？」ってところもあります。それでも、まず倫理に惚れる。そうすると、実践力も感謝力もついて、本当に倫理のエッセンスがわかるんです。だから、**惚れるか惚れないかはひとつのハードルというか、境界線みたいに私は思っているんです。惚れたら本気になれる。**

部下と経営者の関係なんかも、もちろん給料、昔で言えば禄高によって働き方がどうのっていうのはある。でも、お金とは違う部分で「惚れる」という漢字を分析すると、りっしんべん（「忄」）がついてますね。あれは「心」なんですよ。それでまた下に「心」がある。

「惚れる」という言葉には「心」という字が2つ入っているんです。だから、私は

「惚れるっていうのは二つ心が一つになることだ」って言っているんです。

人のことを人間っていいますよね。じゃあ、人と人間は何が違うのか？「人間」というのは人の「ま」とも読むし、人の「あいだ」とも読みますよね。ある方に言わせると、**人と人の「あいだ」というのに本質がある**と言うんですよ。なかなか難しいけれども深い言葉だなと思っているんですね。

よく悩みの95％は人間関係だっていいますけれども、本当にこの人の「ま」と「あいだ」がわかると、相当、経営者としてもランクが上に上がるんじゃないかと思っているんです。その最たるものが惚れる関係。

究極の人間関係が「惚れ合う」っていう、そういうふうに私は思っていましてね。そういった人たちが集まってチームをつくったら、これは強いんじゃないでしょうか。

釣部：「惚れる」と言ってもべったり居るということじゃないってことですね？

柴崎：そうです。近付き過ぎてもだめなんです。遠ざけ過ぎてもだめだし、褒め過ぎてもだめだし、怒ってもだめなんです。叱るっていうことはあるんだけれど、感情的に怒りをぶつけて部下に絶対惚れられることはないと思います。

「社長はこんな厳しいことを言っているけれど、ひいては私のために言ってくれているんだ」という感覚が惚れ合うっていうことだと私は思っているんです。**部下という**

モン・シバサキ　(モンゴル：2005年設立)

のは常に社長の落ち度を探っているんです。**人間最大の欲望は怠惰であると**思うぐらいだから、社長があやってんだから俺もさぼるっていうようなところはいちいちあるんです。だから、トップである社長というのは勉強を欠かしているとエライことになる。常に社員に見られていますからね。

釣部：僕は情けないですね。倫理では豊島の会長をやっていますし、ボランティアでも代表をやっているんですが、「何でそういうふうに俺の粗を探すの？」と思ったりします。

柴崎：それは当たり前なんですよ。

釣部：それが普通なんですね。「お前の理想像を俺にぶつけるな！」とかね、「会社の社長じゃやねえんだ！　俺は給料払ってねえんだ！」とか、「同じ1万円出してんだろ!」とか、「みんな対等でやってんのに、何で俺だけ言われんのよ?」と思っていたのが間違っていたということですね。工藤さん、今の「惚れられる」についてどうでしょうか?

工藤:惚れられるのもすごく大事ですけれども、**惚れて惚れて惚れぬく対象を持てるかどうかも本人の「人間力」が問われます**よね。

釣部:惚れる人間が持てるかどうかですね。

工藤:そうそう、惚れる対象です。惚れて惚れて惚れぬける対象を持てた人は、これはその時点ですごい人だと思います。だってやはり人間は我儘(わがまま)ですから自分の好き嫌いもあるし、欠点もひっくるめて惚れられるというというのに出会えたらこれは幸せですよね。

職業であれ、家族であれ、そういったものが惚れて惚れて惚れぬける対象になれるような自分をつくるために、もしかしたら僕は倫理を勉強しているのかもしれないと今感じましたね。

2　倫理に惚れ、自分も他人も救われる

柴崎：私は**「倫理法人会はどういうところですか？」**という説明に**「60歳を超えて、あるいは年配になって親友のできる会」**と言っているんですよ。いつも本音じゃないですか。それが惚れる、惚れ合うというところに通じる訳なんですけれども、普通で言えば高校時代とか思春期の頃、無二の親友っていいますけれども、私は倫理に入会していっぱいできましたよ。それが一番良いところかなと思うんですね。

釣部：そういうふうに見たことはなかったですけれど、僕はおかげさまで惚れた師匠が一人いるんです。今は他界しましたけれど、そういう人を持てたことが幸せなんだなと、今も心の中では生きています。あの人の前では失敗したなとか。だからどうのという後悔はないんですよね。だから惚れているんだなと思うんです。今確かに、ああいう男好きだなって人は倫理にはいますよね。

柴崎：別の言い方をすると、「意中有人[1]（いちゅうひとあり）」っていうんですね。意中の人って、それは亡くなった方でもいいし、本で読んだ英雄でも構わないんだけ

[1] 意中、人有り　心の中に尊敬する師を持ち、誰かに推薦できる人があること。

ど、できれば普段付き合っている中に、**「最後の頼みはコイツっていうのを持て」って言うことなんです。それは自分の人生をすごく豊かにしてくれるんじゃないかと私は思っています。**「いい人」みたいのを「意中の人」ってよくいうけれども、男と男でも言えるところがあるんだと思うんですよ。そういうのを倫理の場合は結構つくれるんじゃないかなと思うんですよね。

釣部：自分は倫理に惚れているほうだと思っているんですけれども、「じゃあ、きっかけは？」というと、僕は「倫理指導」で「倫理体験」が起きたことだったんです。
それまでは良い話を聴こうとか、勉強になるなと思っていたんです。そんな自分だったのが、工藤さんの倫理指導を受けて、そこで最初は「何言っているの？」みたいに思ったんですけれど、やってみたらできなくて、次の課題、実践項目をもらってやったら奇跡のようなことが起きたんです。「これはスゴイわ」と…。そこからだんだん、他人にもお勧めできるんですよね。「僕はこれで救われたので、あなたも、もしかしたら救われるかもしれませんよ」と。じゃあ、倫理体験が起きるのに惚れないとできないのかというと、これが鶏か卵みたいな話ですけれど…。

柴崎：私の倫理に惚れたきっかけは家族なんです。娘の悩みを指導によって解決してくれたっていう、この感謝の気持ちですね。

秩父倫理法人会は深谷にあります。深谷へは大体20分ぐらいで寄居から行けますから、足繁く通っているうちに「これはいいな！」とは思っていたんです。そうしたら、「そんなに真面目に来るんだったら、寄居に分封（単会を分けて、2つにすること）してよ」と、埼玉県の会長から言われました。

「いや、私は忙しいからとんでもない」なんて2、3年逃げていたんですけれど、娘のことを解決してくれたんで、これはもう逃げられないなと惚れちゃったんですね。その感謝のつもりで、もっと身近な人、友達・身内・寄居の人たちに、この倫理の良さをわかってもらうには分封が一番早いなというふうに覚悟を決めたのがその時でした。

釣部：倫理をやっている素敵な人って「恩返し」の気持ちがありますよね。自分が何かしたいという人はあまりいらっしゃらないですよね。

柴崎：よく言われるように**「真に正しいことは、自分が救われると同時に他人が救われる」**ということじゃないですか。自分だけ良くなったんじゃ、まだ半分なんです。それを丸にするために恩返しをするっていう気が確かにありますよね。

釣部：そうですね。柴崎さん、本日はいかがだったでしょうか？

収録の様子

柴崎：良い振り返りができたなと思います。最初は大変緊張もしたんですけれども、良い経験をさせていただきました。ありがとうございました。

釣部：ありがとうございました。工藤さんお願いいたします。

工藤：柴崎さんは憧れの先輩なんです。10年程前にある勉強会で同じ班になってさせていただいて、当時の私にすごく染み込んできたんです。それで今回こういう形になってすごく嬉しいです。今日は本当に良い夜だなと思って…。勉強になりました。ありがとうございました。

釣部：では、柴崎さん、工藤さん、どうもありがとうございました。

【プロフィール】

昭和24年
寄居町に生まれる。
地元の小中学校、熊谷高校に進む。
昭和46年
慶応大学工学部卒業後、直ちに、
(有)柴崎製作所に専務取締役として入社。
昭和49年
妻、春美と結婚、一女二男を授かる。
平成6年
㈱シバサキ製作所代表取締役就任。
平成27年より代表取締役会長。現在は取締役会長。

平成14年
深谷市倫理法人会に入会。
平成19年
寄居・秩父倫理法人会初代会長。
平成23年
埼玉県倫理法人会副会長。
令和元年、(一社) 倫理研究所参事・法人アドバイザー。
寄居町商工会長（四期目)。
寄居町中心市街地活性化協議会長。
㈱まちづくり寄居代表取締役。

百年企業へ繋ぐ二代目社長の在り方
～60 年続く自動車部品製造企業の二代目が語る！～

2021 年 2 月 8 日 第 1 刷発行
著　者　柴崎 猛
編　集　万代宝書房
発行者　釣部 人裕
発行所　万代宝書房
〒176-0012 東京都練馬区豊玉北 5-24-15-1003
電話 080-3916-9383　FAX 03-6914-5474
ホームページ：http://bandaiho.com/
メール：info@bandaiho.com
印刷・製本　小野高速印刷株式会社

ISBN　978-4-910064-39-0　C0036

装丁・デザイン／　石黒 順子

万代宝書房について

みなさんのお仕事・志など、未常識だけど世の中にとって良いもの（こと）はたくさんあります。社会に広く知られるべきことはたくさんあります。社会に残さなくてはいけない思い・実績があります！　それを出版という形で国会図書館に残します！

「万代宝書房」は、**『人生は宝』、その宝を『人類の宝』まで高め、歴史に残しませんか？**」をキャッチにジャーナリスト釣部人裕が二〇一九年七月に設立した出版社です。

「実語教」（平安時代末期から明治初期にかけて普及していた庶民のための教訓を中心とした初等教科書。江戸時代には寺子屋で使われていたそうです）という千年もの間、読み継がれた道徳の教科書に『富は一生の宝、知恵は万代の宝』という節があり、「お金はその人の一生を豊かにするだけだが、知恵は何世代にも引き継がれ多くの人の共通の宝となる」いう意味からいただきました。

誕生間がない若い出版社ですので、アマゾンと自社サイトでの販売を基本としています。多くの読者と著者の共感をと支援を心よりお願いいたします。

二〇一九年七月八日

万代宝書房